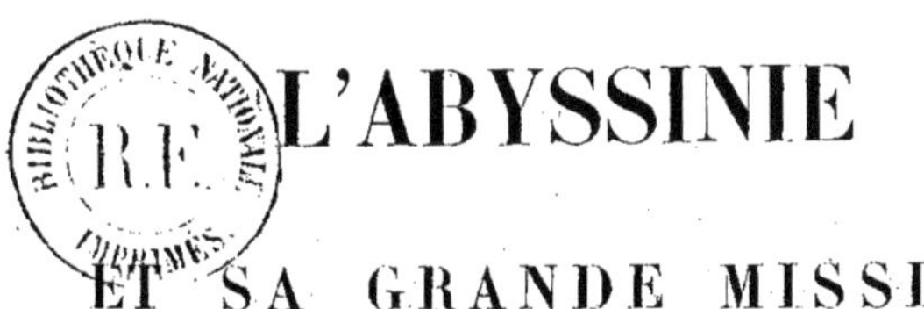

L'ABYSSINIE

ET SA GRANDE MISSION

PAR

UN CATHOLIQUE FRANÇAIS

L'ABYSSINIE[1] ET SA GRANDE MISSION

Une prophétie de nos Livres sacrés annonce que l'Abyssinie, après avoir traversé de longues crises, est appelée à un brillant développement, est chargée d'une grande mission pour un âge qui arrive avec le xxe siècle.

Cette prophétie indique nettement la place géographique et le caractère de ce pays, qui a été bâti pour être le domaine d'une grande nation. Elle fait connaître aussi nettement le caractère du peuple qui habite ce pays, les causes générales, la nature et la durée des épreuves qu'il a subies jusqu'à cette date. Et elle signale ensuite, avec la même précision, comment il se relèvera de ces épreuves, à quelles conditions il pourra accomplir la mission qui lui est assignée, et quel est le caractère de cette mission.

Cet enseignement, qui ne vient pas des hommes, mais de Dieu, doit être connu de ce peuple, et d'abord du puissant Chef qui le gouverne actuellement. Et l'objet de ces notes est de signaler cette prophétie : après les avoir lues, on reconnaîtra qu'elles en indiquent exactement la signification.

La prophétie est dans le livre d'Isaïe[2]. Elle n'a pas été comprise jusqu'ici, parce que le moment de l'entendre n'était pas arrivé. Elle appar-

[1] L'Abyssinie porte aussi le nom d'Ethiopie, mais il faut rappeler que ce dernier nom a désigné d'abord le pays des Noirs, celui des enfants de Chus, fils de Cham.

[2] Chapitre xviii.

tient à un groupe de révélations qui présentent un caractère semblable, qui forment un trésor d'enseignements mis en réserve pour des temps qui arrivent avec l'âge actuel, et dont le sens était fermé tant que cette date n'était pas atteinte. On indiquera ici le caractère général de ces révélations prophétiques, et on expliquera quelques-uns des grands faits qu'elles annoncent, qui permettront de mieux comprendre la prophétie se rapportant à l'Abyssinie; mais ces dernières explications devront se restreindre à des indications sommaires; il faudrait un travail trop long pour les donner complètes.

D'ailleurs, on reconnaîtra bientôt, après avoir lu ces notes, que le moment arrive où toutes les prophéties des deux Testaments, qui sont restées closes jusqu'ici, peuvent être entendues dans leur signification générale; que tous les peuples seront amenés, par les crises qu'ils rencontreront à cet âge, à interroger ces enseignements et que l'examen de cette première prophétie fera connaître les principes généraux de cette interrogation. On le constate bientôt, en cherchant d'abord quelle est la signification de l'âge actuel.

§ 1er. — Entrée de l'Humanité dans des temps nouveaux.

Il suffit de considérer quelques grands faits, qui se montrent visibles à tous, pour reconnaître que l'Humanité entre véritablement dans des temps nouveaux en arrivant à cet âge, en atteignant le xxe siècle. A cette date, à la suite d'un développement qui a commencé à l'origine de la vie humaine, mais qui a marché avec une grande rapidité pendant le xixe siècle, toutes les terres habitables du globe sont occupées et connues.

D'autre part, toutes ces terres et toutes les races qui les occupent, sont reliées par des moyens de communications rapides, qui établissent entre elles une solidarité devenant chaque jour plus étroite. Et ces communications rapides ont pu s'établir, parce que les peuples qui marchent à la tête des nations, au milieu desquels la foi chrétienne s'est implantée d'abord, se sont armés des deux forces de la vapeur et de l'électricité qui ont rendu possibles ces communications rapides.

Il résulte de ces faits que l'Humanité commence à vivre actuellement de la vie universelle, que toutes les nations, toutes les races humaines, doivent organiser leur existence dans des conditions nouvelles par suite de cette solidarité. Les lignes qui établissent ces communications rapides et qui se multiplient chaque jour, les chemins de fer qui traversent les continents, les lignes de navigation à vapeur qui sillonnent les océans, les lignes des télégraphes qui parcourent les terres et les mers, vont porter à toutes ces races, même aux plus reculées et aux plus arriérées, une impulsion, des secousses, auxquelles elles ne peuvent se soustraire.

Et en regardant le premier de ces réseaux, les chemins de fer et les lignes de navigation, on voit que les peuples qui établissent ces lignes, envoient dans tout l'univers, avec leurs marchandises et leurs voyageurs, des agents diplomatiques et des soldats pour étendre le champ de leur commerce et leur suprématie politique. Et ces agents ou ces soldats ont des armes que les âges antérieurs ne connaissaient pas, que la science leur a données et qui leur assurent la supériorité sur les populations auxquelles ces ressources font défaut.

Aussi toutes ces populations, dans une proportion qui varie suivant leurs ressources, se mettent en mesure de se procurer ces armes, de créer une industrie qui leur donnera ces armes et les instruments de travail que la science à également trouvés. Alors on peut prévoir, non seulement une rivalité ardente entre les nations, mais des guerres plus terribles que celles du passé, des agitations sociales qui s'étendront à toute la terre. L'agitation sera d'autant plus profonde que les nouvelles de ces événements seront portées à tous les peuples, jour par jour, presque heure par heure, leur inspirant à tous les mêmes passions ; ce fait commence à se manifester actuellement.

Enfin ces crises, qui arrêteront ou entraveront le travail donnant le pain quotidien, seront d'autant plus terribles que la famille humaine est devenue nombreuse au point qu'elle commence à occuper toutes les terres habitables et exploitables du globe, qu'elle a un besoin plus impérieux de ne pas suspendre ce travail.

Après avoir considéré ces faits, on peut commencer à comprendre les prophéties qui se rapportent à l'âge actuel, qui annoncent les événements de l'âge dans lequel l'Humanité arrive à vivre de la vie universelle. Et d'abord on voit qu'elle commence à réaliser, à cette date, l'ordre que Dieu a donné à la famille humaine en la créant. Il lui a commandé de grandir en force et en nombre, de devenir nombreuse au point de remplir la terre, de s'armer de force et de savoir au point de la maîtriser.

C'est à l'âge actuel que les hommes arrivent à occuper toute la terre et à établir leur domination sur tout le globe. Mais ils maîtrisent mal la terre si elle est pour eux un champ de bataille, s'ils ne connaissent pas la loi qui en fera un champ de travail, qui en réglera le partage entre toutes nations, qui leur permettra de constituer la cité universelle ou catholique, dans laquelle chaque nation aura sa place et sa part de travail. De là viendront les crises qui se préparent actuellement, qui seront universelles, et qui sont annoncées par les prophètes. Et ces crises forceront tous les peuples à chercher cette loi, qui est la loi de Dieu et du Christ, et dont il faut commencer l'examen, en écoutant le Livre de la Révélation.

La Révélation nous apprend, elle a appris à tous les chrétiens que Dieu a créé l'univers et qu'il règle la marche de la vie sans supprimer la liberté ni la responsabilité de l'homme ; que le Fils de Dieu s'est fait Créature, Homme, pour donner aux hommes, comme il les a données aux anges, la lumière et la force nécessaires pour accomplir leur mission, et qu'il est le Christ.

Et les prophètes, pour expliquer cette action du Christ, annoncent qu'elle devait se manifester avec une grande force à trois dates ou trois âges différents. Le premier âge, qui est passé aujourd'hui, a vu s'accomplir les mystères de l'Incarnation et de la Rédemption. A cette première Venue, le Christ Rédempteur a fondé son Eglise, la nouvelle cité de Dieu, dans laquelle il a établi le sacerdoce, qui a la garde de la Révélation, et qui est chargé d'administrer les sacrements, sans lesquels les hommes ne peuvent ordonner régulièrement leur existence. Et il s'est formé des nations qui ont accepté la loi du Christ, et auxquelles l'Evangile a procuré le puissant développement qui a été indiqué.

La deuxième date, qui n'a pas été atteinte jusqu'ici, verra la Venue ou la Manifestation du Christ Roi. Sa loi, qui sera alors reconnue de tous, apportera la paix à la terre, fera régner la justice et la charité. Elle donnera de plus à l'Humanité, à toutes les nations, le développement le plus brillant auquel elles doivent s'élever. Cette deuxième Venue doit arriver à la fin de l'âge actuel. Les grandes crises qui se préparent au début de cet âge, et qui seront universelles, doivent amener tous les peuples à reconnaître et à proclamer sa Divinité et sa Royauté.

La troisième Venue du Christ arrivera à la fin du dernier âge, lorsque l'Humanité aura accompli toute la mission dont elle est chargée dans son existence actuelle, lorsque les temps auront atteint la limite à laquelle la terre et les cieux qui existent maintenant doivent passer. A ce moment il descendra avec gloire du ciel pour juger les vivants et les morts. Et bientôt on reconnaîtra la loi providentielle qui a fixé les dates de ces trois Venues du Christ, comme Rédempteur, comme Roi et comme Juge des vivants et des morts.

§ 2. — La Royauté du Christ sera reconnue par toutes les nations à la fin de l'âge actuel.

Maintenant on peut entendre une des nombreuses prophéties qui annoncent la deuxième Venue du Christ, une révélation qui permettra ensuite de comprendre la prophétie qui s'adresse à l'Abyssinie, qui se rattache directement à la précédente, et qui annonce que ce pays est appelé des premiers à reconnaître la Royauté du Christ.

C'est Isaïe qui donne ces deux prophéties. Il énonce la première dans les termes suivants, en la signant, en quelque sorte, comme un témoin pour en montrer l'importance [1] : « Parole (révélation) qu'a vue Isaie, fils d'Amos, concernant Judas et Jérusalem.

« Et il y aura, dans les derniers jours (les derniers âges), une montagne préparée pour être la demeure du Seigneur, qui s'élèvera dépassant les montagnes et les collines.

« Et toutes les nations y courront, des peuples nombreux y viendront, et ils diront : « Venez, montons vers la montagne du Seigneur, vers la « montagne du Dieu de Jacob » ; et il nous fera connaître les voies que nous devons suivre; et nous marcherons dans ses voies ; car c'est de Sion que viendra la loi, et la Parole de Dieu viendra de Jérusalem.

« Et il jugera les nations ; et il condamnera de nombreux peuples. Et ils transformeront leurs glaives en charrues, et leurs lances en faux. Et il n'y aura plus une nation s'armant contre une autre nation ; les hommes ne s'exerceront plus à la guerre. »

La première partie de cette prophétie concerne spécialement la Judée

[1] Chapitre II.

et Jérusalem, une région qui avait été désignée dès le principe pour être le champ où s'accomplirait la Rédemption, une ville qui doit être la capitale de toutes les nations, la cité où elles enverront leurs délégués pour régler leurs intérêts communs.

Et on verra plus loin d'autres révélations qui expliquent le choix providentiel de cette région et de cette ville, pour être le champ de ces événements merveilleux.

L'âge où ces derniers événements doivent se réaliser est marqué également avec précision. Il doit arriver lorsque toutes les nations pourront envoyer des délégués à Jérusalem, auront connu le Seigneur, le Christ, et la Révélation, auront entendu les prophéties qui annoncent ces événements, auront été préparées par ces prophéties et par des épreuves à proclamer sa Royauté.

Cette souveraineté du Christ est indiquée sous une forme symbolique facile à comprendre. La prophétie nous apprend que la montagne de Sion, qui portait la citadelle royale de David, qui avait été préparée, destinée dès le principe pour être le siège de la Royauté du Christ, doit dominer toutes les montagnes et les collines de la terre, toutes les puissances qui existent à cet âge. Ces puissances devront reconnaître l'autorité et la loi du Christ, ou elles seront brisées. Ce sont les nations elles-mêmes, les foules sur lesquelles ces puissances, méconnaissant la loi de justice et de charité, ont établi leur domination, qui demanderont au Christ de les délivrer de cette domination.

Comment les nations seront-elles amenées au Christ? On a commencé à le voir en considérant les premiers grands faits qui se montrent à l'époque présente, tous les peuples qui s'arment, qui fabriquent ou se procurent des armes puissantes, les grandes nations qui réunissent des armées innombrables et les exercent à la guerre. On le verra encore mieux quand on examinera, un peu plus loin, quelle pensée de révolte contre la loi de Dieu, quelle impulsion venant de l'enfer, les pousse à la guerre, et combien les guerres engagées sous cette impulsion et par ces armées doivent être terribles.

D'autre part on comprendra mieux la signification de cette pensée de révolte, si on se rappelle la loi de Dieu et du Christ qui doit régler l'existence des hommes et des peuples, qui doit être proclamée à Jérusalem pour être entendue de toutes les nations.

Elle enseigne que Dieu a créé l'homme à son image, en lui donnant une âme immortelle, en lui assignant une mission dont chacun de nous doit rendre compte en entrant dans l'éternité ; que tous les hommes appartiennent à la même famille, sont des frères, doivent pratiquer entre eux la justice et la charité, une obligation qui s'impose également aux nations dans leurs rapports mutuels; que le Christ est mort pour tous les hommes ; qu'il leur enseigne, par sa mort, l'obligation de maîtriser leurs convoitises pour ne pas se perdre et ne pas nuire à leurs frères, une obligation qui s'impose également aux nations ; qu'il appelle toutes les nations à faire partie de sa Cité, de son Eglise, où elles apprendront à connaître sa Révélation, sa Parole qui est écrite dans le Livre des deux Testaments, qui est partie de Jérusalem, dont la garde a été confiée d'abord aux enfants de Jacob qui l'ont mal comprise et mal observée, a été remise ensuite aux apôtres, au sacerdoce qu'il a institué ; enfin que le sacerdoce ainsi institué doit enseigner aux hommes sa doctrine, et administrer les sacrements par lesquels les hommes reçoivent les forces surnaturelles qui viennent de la Rédemption, et sans lesquelles ils ne peuvent accomplir régulièrement leur mission.

C'est cette loi dont ils iront reconnaître la signification et l'autorité à Jérusalem, en y proclamant la Divinité et la Royauté du Christ. Avant qu'ils s'y rendent, les épreuves qu'ils auront subies auront démontré à tous les peuples qu'aucune doctrine, aucune science, sauf cette loi, ne peut les défendre contre ces crises, donner la paix et la prospérité à la terre. Elles leur auront prouvé de plus que les prophéties écrites depuis de longs siècles, qui annoncent ces évènements, qui se réalisent au temps marqué, viennent de Dieu ; qu'elles démontrent la divinité du Christ et la vérité de la Révélation ; qu'elles doivent être reprises, et qu'elles indiquent véritablement les voies que les nations doivent suivre.

La démonstration sera complète après que les puissances qui entraînent les nations à des guerres injustes auront été brisées, lorsque la paix règnera sur la terre, lorsque les peuples n'ayant plus à s'exercer à la guerre, appliqueront leur activité aux travaux de la paix. C'est ce que signifie la promesse de la prophétie annonçant qu'ils transformeront leurs glaives en charrues et leurs lances en faulx. A ce moment, à l'âge qui suivra celui qui commence actuellement, et sous la Royauté du Christ, l'humanité atteindra le développement le plus complet auquel elle doive s'élever dans l'existence présente, et la terre donnera son fruit suivant l'expression d'un autre prophète, la moisson de belles œuvres la plus riche qu'elle doive porter.

Ainsi la loi du Christ, qui montre la voie que chaque homme doit suivre pour arriver à la cité éternelle, donne de plus aux nations la lumière et la force nécessaires pour devenir vigoureuses et prospères; elle les donnera à l'Humanité tout entière dans un avenir prochain, et la conduira à ce riche développement qui est annoncé par les prophètes. Mais pour comprendre mieux ce dernier enseignement, qui se rapporte aux nations et à la vie présente, pour mieux voir quelle part revient à chaque peuple dans cette œuvre de progrès et entendre la révélation qui s'adresse au peuple abyssin et lui fait connaître sa mission, il faut aller encore plus loin et plus haut dans ces recherches préliminaires.

Il faut considérer d'abord l'ensemble des nations qui se partagent actuellement la terre, voir les grandes divisions qu'elles y forment suivant leur race ou leurs œuvres, et les doctrines qu'elles suivent et qui les égarent, car il n'en est pas une seule qui marche dans la véritable voie ; mais ces indications doivent s'en tenir aux faits les plus généraux. Ensuite il faut chercher dans les mêmes conditions, et en comparant les faits de la vie avec les enseignements de la Révélation, quelle est la loi providentielle, l'ensemble de lois, qui règle la marche de l'humanité, qui l'a conduite jusqu'à l'âge actuel dans lequel toutes les nations vont subir des épreuves violentes, qui l'amènera au Christ et au riche développement que la loi du Christ lui donnera à l'âge suivant, qui la conduira ensuite jusqu'au jour où la vie présente s'arrêtera, où la terre et les cieux actuels feront place à une autre terre et à d'autres cieux.

§ 3. — **Les races humaines et les doctrines qui les guident. Les Blancs.**

L'humanité compte 1700 millions d'hommes à la date indiquée, vers l'entrée du XXe siècle. Ce chiffre, qui varie sans cesse, n'est qu'approximatif, comme tous les suivants ; mais il suffit pour ces recherches générales ; et l'on verra combien il est nécessaire de connaître le nombre d'hommes vivant sur la terre, pour entendre les prophéties qui se rapportent aux derniers âges.

Cette masse humaine se partage en trois grandes sections. La première section comprend les peuples au milieu desquels a brillé l'Evangile. Elle compte environ 550 millions d'hommes.

La seconde comprend les populations qui repoussent l'Evangile, qui ont des livres religieux au nom desquels elles attaquent la loi du Christ; et cette section se divise en deux groupes, l'un qui reconnaît l'unité de Dieu, et l'autre qui suit un paganisme ne différant pas essentiellement de celui des anciens âges.

Le premier de ces groupes est formé en grande majorité par les musulmans, dont la loi est écrite dans le Koran, qui a pour auteur Mahomet, et dont le centre religieux est la Mecque, la cité principale du pays d'Esau qui se nommait aussi Edom, le Roux, et qui avait laissé son nom à l'Idumée, des faits dont on connaîtra bientôt l'importance. A côté d'eux sont les Juifs, qui ont gardé l'Ancien Testament en rejetant l'Evangile, et qui en faussent la signification par les commentaires du Talmud. Ce groupe compte presque 300 millions d'hommes.

L'autre groupe est celui qui pratique le paganisme oriental, dont le foyer principal a été l'Inde. Le culte le plus répandu parmi ces païens est celui du dragon, qui est Satan, le chef des anges révoltés et déchus, auquel la Révélation donne aussi ce nom, qu'elle appelle le dragon ou le serpent, celui qui rampe. Ce groupe compte environ 850 millions d'hommes.

Enfin il y a les populations fétichistes, qui n'ont pas de livres religieux, mais des croyances païennes dérivant également de l'ancien paganisme. La marque spéciale de ces croyances, c'est l'autorité attribuée au sorcier, au devin, que les païens de l'antiquité ont aussi connue, et qui se retrouve également chez les païens orientaux. Ces populations, qui ne sont jamais groupées en nations puissantes et qui ont mal résisté aux adversaires les ayant attaquées à tous les âges, arrivent seulement au chiffre de 100 à 125 millions d'hommes. Les Noirs sont les plus nombreux parmi eux.

Cette division des hommes en trois sections d'après les croyances qu'ils suivent, est indiquée par la Révélation dans des pages qu'il est impossible d'examiner ici. Elle permettra de mieux comprendre les crises qui se préparent, et d'abord la mission qui est assignée à l'Abyssinie au milieu de ces crises.

Les Blancs sont en grande partie des Japhétiques occidentaux, qui ont eu pour domaine primitif l'Europe. De ce domaine, dont la signification sera indiquée plus loin, ces Japhétiques ont envoyé dans toutes les directions des conquérants ou des colons, qui ont porté leur domination sur le Nouveau Monde, sur une grande partie de l'Afrique et de l'Asie, sur l'Australasie, et qui ont établi les lignes de communication reliant entre elles toutes les terres et toutes les nations. Ils sont nommés Blancs, non pas seulement parce qu'ils appartiennent à la race blanche, mais aussi dans un sens symbolique, parce que l'Evangile qui donne la vraie lumière a brillé au milieu d'eux.

Pour une étude complète qui expliquerait toutes les prophéties, il faudrait chercher en combien de groupes principaux se divise cette famille des Blancs. De même il faudrait examiner quelles œuvres elle opère sur les quatre champs assignés à l'activité humaine, les champs des œuvres religieuses, des œuvres scientifiques, des œuvres économiques et des œuvres politiques ou sociales ; et cette division des œuvres humaines est également indiquée dans la Révélation. Mais ces recherches doivent se restreindre à des indications très générales sur ces œuvres.

Sur le premier champ, celui des œuvres religieuses, les Blancs ont vu surgir de nombreux saints qui ont opéré des merveilles de piété et de charité. Mais ces saints n'ont pas été assez nombreux pour empêcher les révoltes qui ont donné des peuples entiers au schisme ou à l'hérésie, qui ont entraîné des foules à l'oubli ou au reniement du Christ. Et ces révoltes expliquent pourquoi les conquêtes de l'Evangile ont marché si lentement ; après dix-neuf siècles plus des deux tiers des hommes ignorent ou repoussent le Christ. Elles montrent de plus qu'il y a pour tous les hommes, tous les peuples des autres sections qui cherchent la lumière, la nécessité de se défendre contre ces erreurs que les Blancs portent partout avec eux. C'est un danger contre lequel l'Abyssinie doit se garder, qu'elle écartera en suivant l'enseignement des prophètes..

C'est sur le champ où s'opèrent les œuvres scientifiques chez ces nations des premiers rangs, sur celui des écoles de tous les degrés, des livres et des publications périodiques, où le travail est ardent, que l'on voit mieux comment se préparent les crises qui troublerout ces nations pour s'étendre à tout l'univers. Par suite du riche développement que ces œuvres ont prises et des découvertes nombreuses qu'elles ont amenées, un grand nombre des opérateurs qui travaillent sur ce champ ont été comme enivrés par ces résultats. Ils en sont arrivés à croire que les peuples armés d'une science pareille n'ont plus besoin de la foi et à formuler un nouveau paganisme plus dangereux que celui des anciens âges et celui de l'extrême Orient.

Ce nouveau paganisme affirme que l'homme n'a pas à compter avec Dieu, dont il nie l'existence, n'a rien à attendre ni à redouter dans l'éternité, parce que son existence est limitée à la vie présente. Il attaque le Christ, Dieu et Homme, son Eglise, ses serviteurs et la Révélation, déclarant que la religion entrave le progrès, empêche les peuples de s'élever au développement auquel ils aspirent, des affirmations auxquelles les prophéties ont répondu d'avance. Elles ont annoncé l'apparition de ce paganisme et en ont montré la signification, un enseignement qui se comprenait mal jusqu' ici.

On achève de reconnaître cette signification, en suivant plus loin les maîtres qui propagent cette doctrine. Ils affirment que l'univers n'a pas été créé par Dieu, que la matière existe par elle-même ; qu'elle a en elle-même la force qui a produit tous les êtres par une série d'évolutions ; que l'homme est sorti de la matière comme la bête ; qu'il est le fils et le frère de la bête, et qu'il s'est élevé, par des évolutions successives, au développement qu'il a atteint. C'est donc la doctrine de la bête, qui est signalée par les prophètes. Et cette doctrine forme au milieu des nations qui l'acceptent, avec les foules dont elle déchaîne les passions, auxquelles elle enseigne que les hommes n'ont d'autre bonheur à attendre que les jouissances de la vie présente, elle forme la puissance de la Bête, dont les prophètes annoncent l'apparition aux derniers âges.

Et l'on comprend, en attendant que les faits le montrent, quelles crises prépare cette doctrine, et combien les peuples étrangers à la société où elle s'est développée doivent s'en défendre, quand ils empruntent à cette société la science dont ils ont besoin, qui leur est nécessaire pour assurer leur développement et défendre leurs droits. On reconnaît encore mieux ce danger en examinant le travail des Blancs sur les deux autres champs, celui des œuvres économiques et celui des œuvres sociales.

Le travail économique, celui de l'agriculture, de l'industrie et du commerce, a pris, dans les deux dernières branches surtout, chez les peuples marchant au premier rang, une puissance inconnue antérieurement. L'industrie, à laquelle la science a procuré des instruments de travail et des forces que les âges antérieurs ne connaissaient pas, a réuni autour de ses usines des armées de travailleurs. Et le commerce, pour fournir à cette industrie les éléments de travail dont elle a besoin ou des débouchés pour ses produits, a étendu son action sur toutes les terres du globe.

Ce développement de l'activité humaine pour exploiter la terre est nécessaire et régulier, s'il s'accomplit suivant la loi de Dieu qui a ordonné aux hommes de maîtriser la terre : on l'a vu. Mais il prépare des crises et des luttes terribles, parce que la loi païenne, la pensée de la bête, y exerce une action de plus en plus grande.

Et l'on peut comprendre comment arriveront ces crises et ces luttes, en considérant les armées de travailleurs qui sont réunis sur ce champ. Ces hommes, à qui l'on enseigne cette doctrine, à qui les journaux et des politiciens ambitieux la répètent chaque jour ; sur qui l'exemple des riches entraînés par cette loi, exerce une influence dangereuse, veulent avoir une part plus grande des richesses, des jouissances, que l'on proclame les seuls biens de la vie. C'est ainsi que s'est développé au milieu d'eux le parti des socialistes païens, qui se groupent en associations internationales, et qui montrent leur action dans des grèves se multipliant chaque jour.

Ces socialistes demandent que le Gouvernement, l'Etat, s'empare de la fortune publique en restreignant ou supprimant la propriété et la liberté individuelle ; et ils veulent s'emparer de l'Etat, de la loi, qui devient la volonté du plus fort. C'est avec ces éléments que se forme la puissance de la Bête. Ce que fera cette puissance, les prophéties l'annoncent. Mais sans examiner ces enseignements, ce qui ne peut se faire ici, on peut reconnaître que cette puissance amènera des luttes et des crises terribles. Elle démontrera, par cette expérience, que les peuples ne peuvent se défendre contre des crises pareilles, sans le Christ et le secours de sa loi.

Ces faits qui se manifestent avec une force plus terrible chez les nations les plus puissantes, et qui se préparent sur le champ des œuvres économiques, montrent de plus comment ces troubles s'étendent sur celui des œuvres sociales et politiques. Ici il y aurait d'autres grands faits à constater. Ainsi il faudrait examiner, à côté des associations précédentes, les sociétés secrètes, dont l'origine véritable remonte à l'ancien paganisme, et qui ont fortement contribué à la formation du paganisme nouveau. Mais ces recherches doivent être ajournées. Il suffit de rappeler le grand fait politique déjà signalé, les armements opérés chez les nations d'origine européenne, les grandes armées qu'elles forment pour étendre leur suprématie économique ou politique.

Alors on voit qu'il se prépare chez ces nations deux sortes de guerre, des guerres politiques et des guerres sociales, dont les secousses seront terribles et s'étendront à toute la terre. Et ces secousses, qui auront pour cause véritable la pensée de la bête formulée en doctrine au milieu des Blancs, qui s'étendront à toute la terre, excitant partout des agitations profondes, feront voir combien les crises de cet âge doivent différer de celles qui ont agité les peuples dans les temps antérieurs, qui n'étaient pas universelles et dans lesquelles la pensée de la bête se montrait moins éclatante. Elles doivent donner la démonstration qui sera le grand fait de cet âge et qui est annoncée par le prophète : démontrer à tous les peuples la nécessité de reconnaître la Royauté et la loi du Christ. Et il faut suivre ce fait chez les autres nations.

§ 4. — Les nations n'appartenant pas au groupe des Blancs et la place de l'Abyssinie.

Les nations étrangères au groupe des Blancs comptent plus des deux tiers de la population du globe, environ 1250 millions contre 550 ; mais aucune d'elles n'exerce une action universelle ; elles sont confinées à des champs plus restreints et à des œuvres moins développées.

Les peuples qui obéissent à la doctrine du Koran tiennent cependant nne grande place. Ils possèdent, en particulier, les pays sur lesquels s'étaient élevés les anciens empires dont les prophéties annonçaient et rappelleut encore la ruine, et Jérusalem dans laquelle doit être proclamée la Royauté du Christ. Il en résulte que la servitude pesant sur elle, doit être brisée, et qu'une rénovation profonde doit transformer ces pays avant cette proclamation. Une prophétie, qui sera citée plus loin, et qui intéresse particulièrement l'Abyssinie, fait connaître le plus grand fait devant signaler cette rénovation.

Quant aux populations musulmanes, sous la domination desquelles Jérusalem et ces pays sont actuellement, il suffira de donner ici quelques indications générales. Si ces populations croient en Dieu, elles croient aussi que Dieu leur ordonne d'imposer la loi du Koran aux infidèles par la guerre. Et à une date récente elles ont montré leur fanatisme par les massacres d'Arménie. D'autre part, les luttes des Mahdistes, dans les régions africaines voisines de l'Abyssinie, prouvent que l'on doit s'attendre à de nouvelles explosions de ce fanatisme. Et l'on peut reconnaître que des causes semblables, plus spécialement l'impulsion partie de l'Europe, préparent également des agitations dans les pays musulmans qui n'appartiennent pas aux Ottomans, qui s'étendent sur une longue zone allant de l'Atlantique jusqu'en Chine.

Ici, dans l'Extrême-Orient, chez les populations qui ont gardé l'ancien paganisme, l'agitation est déjà profonde. Et cette agitation ne ressemble pas à celles que les guerres du passé ont apportées sur la Chine, qui ont laissé à ce pays, presque intactes, les traditions le séparant de toutes les nations étrangères. Cette fois, ces traditions séculaires sont fortement ébranlées, en attendant la rénovation qui arrivera pour ces populations, comme pour les Blancs et les Musulmans, pour tous les peuples de la terre.

Entre les forces qui se manifestent sur ce champ de lutte de l'Extrême-Orient, il faut signaler les sociétés secrètes qui y tiennent une grande place, que l'on retrouve également chez les peuples musulmans et que l'on peut suivre jusque chez les Noirs. C'est un des signes montrant combien les sociétés secrètes de l'ancien paganisme, les mystères, ont laissé partout des traces, des traditions vivaces. Ce fait indique de plus qu'il y a eu une source principale, unique, de toutes les erreurs générales qui sont répandues dans l'univers ; mais ici encore il est impossible de suivre plus loin ces traces, dont les prophètes montrent l'importance et la signification.

Enfin il faut signaler, au sujet de ces populations de l'Asie orientale, un trait que les prophéties seules permettent de distinguer, et dont la suite montrera l'importance : c'est le culte du dragon. La Révélation, qui nomme Satan le serpent ou le dragon, a un caractère prophétique, dont ce culte et les événements de l'âge actuel feront voir la signification. De plus elle nous apprend que le dragon porte une marque le distinguant ; il est *roux*, une teinte montrant qu'il suit une lumière fausse, blafarde, parceque la vraie lumière est voilée pour lui. Elle est voilée également pour la race d'Edom, le Roux, dont le nom avait aussi un caractère prophétique. Et d'autres prophéties, qui seront indiquées plus loin, mais non examinées en détail, nous apprendront que la puissance de la Bête, après avoir eu pour marque, à sa première apparition, la couleur, le drapeau rouge, ce qui peut se reconnaître aujourd'hui, prendra plus tard ce signe du Roux, du dragon, dont elle sera l'image vivante. Il faut conclure deux choses de ces indications. Il en résulte d'abord que l'on reconnaîtra une action diabolique dans les événements qui se préparent actuellement et déjà cette action a été signalée dans les agitations qui troublent l'Extrême-Orient. Ensuite on voit que l'on peut désigner les peuples ayant des livres religieux, dont la doctrine les arme contre le Christ et sa loi, d'après ce signe, et les appeler les Roux, une dénomination dont la suite indiquera également l'importance.

Le dernier groupe des races humaines, celui des populations fétichistes, qui ne forment nulle part une nation indépendante, sera atteint aussi, est déjà atteint actuellement, par les troubles dont la première impulsion est partie des pays où s'enseigne la doctrine de la bête. Ils se manifestent partout dans les pays des Noirs africains, la population la plus nombreuse de ce groupe. Les Européens se sont partagé ces pays. Si toutes ces conquêtes ne sont pas amenées par la pensée de la bête, s'il y en a de légitimes, on ne peut pas dire, d'autre part, qu'elles aient été guidées par la loi du Christ. Un grand fait suffira pour le démontrer. Après que les Noirs ont subi pendant de longs siècles les chasses à l'homme organisées par les musulmans pour se procurer des esclaves, les Européens sont venus, à leur tour, recruter au milieu d'eux des esclaves pour leurs colonies pendant plusieurs siècles.

Quant à l'avenir de ces populations, qui n'ont jamais connu la paix, on peut affirmer qu'elles seront des premières gagnées au Christ, dont la loi enseigne la justice et la charité, lorsque les Blancs obéiront à cette loi. D'autre part, en s'en tenant ici à la race des Noirs, il suffit de rappeler que cette race est acclimatée aux régions brûlantes, que les Blancs ne peuvent exploiter, dont l'exploitation est cependant nécessaire pour la famille humaine. Ce sera leur lot dans le partage de la terre que doit régler la loi du Christ; et il y a des lots préparés par la Providence pour toutes les races de cette famille, pour les plus faibles comme pour les plus puissantes.

Maintenant on peut comprendre quelle place les Abyssins et leur pays occupent sur la terre, au milieu des nations. Et cette place permettra de reconnaître mieux la mission qui leur est assignée et d'entendre la prophétie qui explique cette mission.

Le noyau de leur domaine est un massif de montagnes qui forme une citadelle naturelle imprenable. Ce pays est placé sur la limite des domaines occupés par les Musulmans, les Noirs et les Européens. Ces derniers ont étendu leurs conquêtes jusqu'au pied de ces montagnes. D'autre part, l'Abyssinie est placée entre la mer Rouge, que suit une des voies maritimes les plus fréquentées, qui passe au pied du Sinaï, et la vallée du Nil où s'avance une des grandes voies terrestres qui traversent les continents. Et cette dernière voie, qui traversera l'Afrique, doit s'établir au profit de ce continent; une prophétie, que l'on connaîtra plus loin, nous dira quel doit être, selon la loi du Christ, le rôle de ces grandes routes s'ouvrant à l'âge actuel, le rôle aussi des pays qu'elles traversent ou rencontrent. Et tous ces faits commencent à montrer comment les Abyssins pourront accomplir une grande mission.

Par leur origine, ils appartiennent à la race de Sem, sont apparentés aux Arabes, dont le domaine primitif est sur l'autre rive de la mer Rouge, et dans lequel se trouve la Mecque, le foyer de l'Islam. Ils sont également apparentés aux Juifs, qui ont été chassés de leur pays et qui doivent y rentrer. D'autres Sémites encore tiennent une grande place dans ce pays de l'Orient, où s'élevèrent les premiers empires signalés dans l'histoire de l'Humanité. Et cette parenté des Abyssins leur permettra d'intervenir avec succès auprès de ces populations pour les ramener au Christ, comme leur place géographique leur donnera une grande influence dans les événements à la suite desquels viendra la rénovation de ces pays que l'Islam domine actuellement.

§ 5. — La marche de la vie dans les temps antérieurs à la Rédemption.

Les faits examinés précédemment ont montré que l'on ne peut comprendre la mission d'un pays comme l'Abyssinie, la mission de chaque pays et de chaque peuple, sans considérer la place occupée par ce pays et ce peuple sur la terre et dans l'ensemble de l'humanité. De même, on ne peut comprendre la signification d'un âge, celle de l'âge actuel, et lé sens véritable des prophéties se rapportant à cet âge, si l'on ne connaît, dans son ensemble, la marche de l'Humanité à travers les siècles, et l'ensemble des enseignements révélés qui expliquent cette marche. Cette double interrogation était impossible jusqu'ici, avant que l'Humanité eût atteint le développement auquel elle arrive ; un pareil travail est possible aujourd'hui. Mais comme il porte sur un champ encore plus vaste que le précédent, il doit se réduire ici à des indications très sommaires. Plus tard, la science catholique le complétera.

Le principe qui doit le diriger est donné par la Révélation. Saint Paul le fait connaître dans les termes suivants : « Nous comprenons, avec l'aide de la foi, que les siècles (dans leur marche) sont d'accord avec la parole de Dieu [1] », suivent la marche que Dieu a réglée et qu'il fait connaître par la Révélation. L'apôtre ne dit pas seulement que nous devons croire à cet accord, mais que nous devons le comprendre. Et pour le comprendre, il faut considérer d'abord le fait que la Révélation signale comme le plus grand entre les faits de la vie.

Ce fait est celui qu'elle signale en nous apprenant que « Dieu a aimé le monde à ce point qu'il lui a donné son Fils unique [2] », pour communiquer au monde, à toute la création, une valeur qu'elle ne pouvait avoir par elle-même. Et son Fils s'est fait Homme, a pris une âme et un corps, et s'est immolé pour communiquer cette valeur, cette exaltation surnaturelle à la création, aux anges et aux hommes d'abord, et avec eux au ciel et à la terre, dans des conditions que le livre révélé fait connaître.

Alors il s'agit de savoir comment cette force surnaturelle vient s'ajouter à celle que Dieu a mise dans la création, a donnée à tous les êtres en les créant. Elle est communiquée, au monde, dans une proportion réglée par la Providence, à mesure qu'il s'avance dans sa marche à travers les siècles ; elle est offerte aux hommes, dans une proportion semblable, à mesure qu'ils obéissent à l'ordre qui leur a été donné au premier jour de s'élever à une existence toujours plus grande. Et la connaissance des Trois Venues du Christ a commencé à montrer comment se fait cette communication. Mais il faut suivre plus loin les faits, en partant de

[1] Épître aux Hébreux, xi, 2.
[2] S. Jean, ii, 16.

3

l'origine même de la vie, des Six jours ou des six époques de la création.

C'est dans cette première série de siècles que Dieu a fait connaître aux anges la mission de son Fils, leur a révélé qu'il devait devenir Homme et s'immoler pour opérer cette exaltation, et leur a recommandé de reconnaître l'Homme-Dieu, le Christ, pour Seigneur [1]. Alors est arrivée la révolte du chef des anges, qui a entraîné un tiers de l'armée céleste avec lui, qui a été chassé du ciel avec ses adhérents par les anges de Dieu, qui est devenu le serpent ou le dragon, celui qui rampe.

Au septième jour, après que la création fut terminée, lorsque les deux chefs de la famille humaine étaient dans le Paradis terrestre, le serpent, Satan, a commencé, au pied de l'arbre de la science, à attaquer les hommes en les trompant. Et si l'on compare cette première attaque de Satan avec celle qu'il fait renouveler aujourd'hui par ses adhérents de la terre, au nom de la science, on reconnaît l'action de cet opérateur invisible qui veut perdre les hommes, dont il est l'ennemi implacable, en les excitant à la révolte contre Dieu et le Christ. De même, si l'on compare les affirmations de cette science fausse avec le récit de la création qui est dans le Livre révélé, on voit que le récit sacré répond d'avance à ces affirmations mensongères.

Après la révolte survenue dans le Paradis terrestre, Dieu frappe l'ange et l'homme d'une double condamnation. L'ange déchu fut condamné à ramper pour toujours, à être exclu du ciel pour toujours. L'homme fut condamné à mourir et frappé de déchéance, un héritage de douleur qu'il a transmis à ses descendants. Mais il reçut en même temps la promesse de la Rédemption, qui permet à chaque homme de se relever de cette déchéance avec la force surnaturelle venant du Christ.

Ainsi l'Humanité, sur laquelle l'autorité de Dieu s'exerce incessamment, marche entourée de deux puissances invisibles qui poussent les hommes et les peuples dans deux directions opposées ; d'un côté, les anges de Dieu qui les appellent au Christ et à la rémunération que le Christ donne à ses serviteurs ; de l'autre, les anges déchus qui les entraînent à la révolte et à la condamnation devant frapper les révoltes que le repentir n'a pas effacées. Et l'action de ces deux puissances doit se manifester avec une

[1] Apocalypse, XII.

grande force à l'âge actuel, en sorte qu'il est impossible de comprendre les événements de cet âge, si l'on n'entend les enseignements de la Révélation qui font connaître ces puissances et leur action.

C'est dans ces conditions que les hommes sont entrés dans la première série d'âges de leur marche, celle qui s'est prolongée jusqu'au jour où la surface de la terre a été transformée par les eaux, et où les hommes ont été frappés d'une condamnation nouvelle qui a réduit la durée de leur existence. Antérieurement à cette condamnation, lorsqu'ils vivaient des siècles, lorsqu'ils ne voyaient la mort que de très loin, l'action de Satan s'exerçait sur eux avec plus de force. A cause de cela, cette société primitive, qui se partagea en deux cités, une division qui s'est perpétuée désormais, la cité de Dieu et la cité de la révolte, vit cette dernière dominer bientôt sur la terre. Et l'on comprend que ce n'est point dans une société pareille que pouvait s'opérer la première Venue du Christ.

Le seul fait particulier à citer dans ces âges primitifs, c'est le choix fait par Dieu de son serviteur Enoch, pour le préserver de la mort jusqu'au dernier âge, pour en faire un témoin chargé de suivre les événements de la vie jusqu'à cet âge, et qui sera associé à Elie, un deuxième témoin choisi plus tard, dans la mission que le Christ fait connaître en disant qu' « Elie rétablira toute chose[1] ». Avec Enoch, Elie rétablira la vérité de la Révélation contre les attaques de la fausse science, qui recommenceront plus terribles au dernier âge.

Un point spécial de ce débat est signalé par saint Pierre dans une prophétie qui est merveilleuse, mais qui ne peut être examinée ici[2]. Il montre comment Enoch pourra apporter son témoignage sur les faits des âges primitifs en le confirmant par des preuves, que des monuments ignorés jusque-là lui fourniront. Ce débat portera sur la transformation dernière de la terre, qui est annoncée par la Révélation, qui sera opérée par le feu, et dans laquelle périront tous les hommes. Cette transformation y est comparée à celle qui a été opérée par les eaux au temps de Noé et dans laquelle périrent tous les hommes appartenant à l'humanité primitive, sauf huit, le patriarche et sa famille. Les maîtres de la science païenne qui vivront à cet âge, et qui reprendront avec plus de violence

[1] S. Math., XVII, 11.
[2] Ep. II, II.

les débats engagés aujourd'hui sur la Révélation, attaqueront les enseignements qu'elle donne sur ces faits du passé et sur ceux de l'avenir.

Quant à ce fait de la transformation de la terre par un déluge universel, qui trouble même des chrétiens ayant conservé la foi, il suffira de donner ici deux indications sommaires. C'est la dernière révolution qui a atteint la terre tout entière avant qu'elle entrât dans la période de calme relatif où elle est actuellement. Et l'on comprend que les eaux, qui sont réunies maintenant dans le bassin des mers, aient pu former des flots qui l'ont parcourue tout entière, quand elle était agitée par cette révolution, avant que ce bassin fût creusé à la profondeur qu'il a actuellement, avant que les montagnes aient été soulevées à la hauteur qu'elles ont atteinte.

D'autre part, la coïncidence qui amenait une révolution dans le ciel et sur la terre au moment où l'Humanité primitive était condamnée à périr, coïncidence qui se renouvellera lorsque l'Humanité actuelle devra être frappée à son tour, et où les cieux et la terre seront également bouleversés, montre qu'il y a une solidarité établie par Dieu et réglée par la Providence, qui s'étend sur les hommes et la création matérielle. Cette solidarité se manifeste à tous les âges par des agitations moins étendues mais obéissant au même ordre, celles qui donnent la disette ou l'abondance, les épidémies ou la salubrité. Elle doit se manifester avec une grande force à l'âge actuel.

Après le grand jour qui frappa l'Humanité primitive, une nouvelle série d'âges commença avec l'Humanité nouvelle, qui eut pour premiers chefs les fils de Noé. Cette série s'est prolongée jusqu'à la première venue du Christ, un autre grand jour dans lequel la miséricorde de Dieu s'est manifestée par la Rédemption. Et ces âges ont préparé plus directement les faits qui surviennent à l'époque présente. A cause de cela, il faut indiquer, très sommairement, chacun des âges qui forment cette série.

Le premier âge a vu le développement des trois familles représentant l'Humanité nouvelle ; la tentative de Babel, qui montra une nouvelle déviation générale des hommes s'éloignant de Dieu ; la dispersion qui les mit en marche pour occuper toute la terre, pour cette prise de possession de leur domaine qui se termine actuellement ; enfin la construction de Babylone par les Chamites, sur le champ de la Mésopotamie où s'élevait Babel. Et cette ville, qui se donna dès le principe à la révolte, qui fut le premier foyer de l'ancien paganisme, personnifie à cause de cela la cité révoltée, dans les enseignements de la Révélation ; c'est la montagne « pestifère » qui est opposée à la montagne de Sion [1].

Le deuxième âge a vu l'œuvre des empires et des principautés qui s'élevèrent en Orient, et qui appartinrent presque tous aux Chamites et aux Sémites. Entre ces puissances, il suffit de citer, outre Babylone, l'Assyrie et l'Egypte, à côté desquelles il faut mettre la Phénicie, le pays de Sidon et Tyr, à cause de son rôle commercial. Elles continuèrent dans l'industrie, les arts et même la science, le travail commencé par l'Humanité primitive, dont elles étaient les héritières directes. Mais ces connaissances, qui sont restées dans l'héritage de la famille humaine, furent entachées par la pensée païenne, car toutes ces puissances se donnèrent à l'idolâtrie, et la loi du paganisme les entraîna à des luttes qui ne cessèrent d'ensanglanter les régions de l'Orient.

Ainsi la cité de la révolte domina seule dans cet âge, et si la cité de Dieu y fut représentée par quelques familles, elle ne posséda, pendant nombre de siècles, aucun domaine, aucune ville où la loi de Dieu fût reconnue. C'est à une date relativement tardive et dans des conditions qu'il faut rappeler, qu'eut lieu cette manifestation. Elle se fit au point que Dieu avait désigné, vers la montagne de Sion, et au moment où la race d'Abraham était choisie pour recevoir et garder sa loi. Saint Paul fait connaître comment Jérusalem fut désignée pour être la cité du Christ, avant d'appartenir à cette race, lorsque Melchisédech en commençait la construction [2].

« Là, en effet, nous dit l'apôtre, (vivait) Melchisédech, prêtre du Dieu suprême, qui rencontra Abraham lorsque celui-ci venait d'exterminer les rois (partis de l'Orient pour ravager cette terre), qui le bénit, et auquel Abraham donna la dîme de tout le butin.

« En effet, tout d'abord (il prit ce nom de Melchisédech) qui signifie roi de la justice, ensuite celui de roi de Salem, qui signifie roi de la paix. Et (l'Ecriture) ne signale ni son père, ni sa mère, ni sa généalogie, ni le commencement de ses jours, ni la fin de sa vie ; elle l'assimile au Fils de Dieu, qui reste prêtre pour l'éternité. »

[1] Jérémie, LI, 25.
[2] Ep. aux Hébreux, VII.

Ainsi Melchisédech ne représente pas une race particulière, mais l'Homme, l'Humanité qui obéit à la loi de Dieu, dont la mission est de rendre gloire à Dieu, de faire régner la justice et la paix sur la terre; et sa ville, Salem, représente la cité de Dieu, que régit cette loi. Et pour compléter cette indication, il faut y joindre deux autres enseignements qu'il suffit de signaler ici. Le premier nous apprend que la terre a été bâtie par Dieu pour être habitée, pour que l'Humanité puisse y accomplir toute la mission qui lui est assignée dans la vie présente. L'autre dit que Jérusalem a été placée au milieu des terres qui forment ce domaine, c'est-à-dire à un point vers lequel toutes les voies maritimes et terrestres pourront amener facilement les délégués de toutes les nations, où les hommes de tous les pays trouveront un climat leur permettant d'y séjourner[1].

C'est au troisième âge que la race d'Abraham, qui était devenue le peuple d'Israël, fut amenée à Jérusalem, reçut la garde de cette ville et de la Révélation écrite. Et la rédaction du Livre sacré commença après que les hommes eurent trouvé l'écriture alphabétique. Le premier corps de loi qui ait été rédigé avec cette écriture et conservé, est le Décalogue, un exemple qui montre que tout progrès véritable accompli par les hommes doit servir à la cité de Dieu. Mais le peuple choisi par Dieu fut infidèle à sa mission et se laissa envahir par la corruption païenne qui régnait chez les nations l'environnant. Aussi fut-il frappé avec elles par la ruine qui s'étendit sur tous les pays d'Orient.

Au quatrième âge s'écroulent tous les Etats de ce monde oriental, qui appartenaient aux Chamites et aux Sémites, et la suprématie passe aux Japhétiques orientaux, les Mèdes et les Perses, dont les fils de Madai formaient l'élément principal. C'est alors que paraissent les prophètes, qui annoncent et expliquent ces ruines, qui montrent les lois supérieures dirigeant les événements, cette marche de la vie conduisant les hommes aux âges dans lesquels devaient s'accomplir les trois venues du Christ.

Ils annoncent que la suprématie entre les nations devait passer des Japhétiques de l'Asie à ceux de l'Europe, être donnée aux Grecs au cinquième âge et aux Romains au sixième. C'est après cette dernière con-

[1] Ezechiel, v, 5.

quête de l'Orient que devait arriver le Grand jour de miséricorde, celui de l'Incarnation et de la Rédemption.

Et l'ordre providentiel qui a réglé cette marche de la vie peut se comprendre, suivant la parole de saint Paul. La suprématie future des Japhétiques avait été annoncée au chef de cette race. Ceux que Dieu avait envoyés en Europe avaient mieux échappé à la corruption qui ruinait les empires de l'Asie, comme le prouvent les œuvres qu'ils ont laissées, et ils ont pris leur place. Enfin l'empire romain, qui étendit sa domination sur une partie notable des trois continents de l'ancien monde, sur des populations appartenant aux trois races humaines, permit aux apôtres de commencer la conquête universelle des nations qui a été ordonnée par le Christ, qui doit se terminer au temps marqué dans la troisième série de siècles commencée avec cette première propagation de l'Evangile.

§ 6. — La marche de la vie dans les âges postérieurs à la Rédemption.

La troisième série de siècles, la dernière que l'Humanité doit traverser avant d'atteindre la limite de son existence actuelle, s'étend de l'époque de la Rédemption au Grand jour de la troisième venue du Christ, qui descendra du ciel pour juger les vivants et les morts. Cette série d'âges, que l'on peut suivre aujourd'hui jusqu'à cette dernière limite à l'aide de la Révélation, en comparant les enseignements qu'elle donne avec les faits de l'âge actuel, montrera où conduisent les événements survenus jusqu'à présent, qui semblaient pleins de confusion, et qui obéissent, en réalité, à l'ordre providentiel que Dieu a établi et qu'il a fait connaître par les prophètes. Elle démontrera aussi, et tous les peuples pourront comprendre cette démonstration confirmée par les événements, que les prophéties sont vraies, qu'elles sont toutes d'accord quoiqu'elles aient été écrites par des hommes séparés par de longs intervalles de temps et de lieux, qu'elles viennent véritablement de Dieu, que le Saint-Esprit est véritablement l'inspirateur de toute la Révélation.

Au premier âge, les Japhétiques occidentaux, les Blancs, qui ont reçu l'Evangile, se constituent en nations vigoureuses, un travail qui a commencé avant la chute de l'empire romain et qui s'est continué après sa disparition. En revanche, les populations de l'Orient, même celles de l'Europe orientale, au milieu desquelles le paganisme avait laissé des traces profondes, n'ont pas montré la même vigueur, la même fidélité à la loi du Christ qu'elles avaient reçue, et ne sont pas arrivées au même développement. Cependant la foi, qui leur a donné des saints illustres à cet âge, et qui ne s'est pas entièrement éteinte chez elles, se ravivera à une date prochaine pour leur donner ce développement.

A cause de cette défaillance de l'Orient, cette vaste et riche contrée n'a pu se défendre contre les invasions provoquées par l'islam, qui est sorti du pays d'Edom, le Roux, contre les Arabes et plus tard contre les Turcs. Les luttes des Occidentaux contre ces envahisseurs, les Roux, ont rempli le deuxième âge. Et ces luttes, les croisades, n'ont pas réussi à délivrer Jérusalem ni l'Orient. Le temps marqué pour cette rénovation des peuples orientaux, on l'a vu déjà, n'était pas arrivé.

Au troisième âge les Blancs auxquels l'Orient et une grande partie du bassin de la Méditerranée étaient fermés, et que leur domaine mettait en face de l'Atlantique, la mer Extérieure, qui a des voies conduisant plus facilement à toutes les terres du globe, ont envoyé des expéditions par ces voies. Leurs colons, leurs soldats et leurs marchands sont allés au Nouveau Monde qui était à peine peuplé, à l'Afrique équatoriale et méridionale où ne s'était formée aucune nation pouvant leur résister, vers l'Australasie qui offrait des conditions semblables, enfin vers l'Extrême-Orient asiatique dont la population est, de beaucoup, plus nombreuse que celle de l'Europe.

Tous ces faits se sont accomplis en suivant la marche signalée par les prophéties et la terre a été bâtie pour qu'ils pussent s'accomplir. Mais les Blancs ont mal obéi à la loi de Dieu, qui les a choisis pour exercer cette suprématie universelle ; ils devaient coopérer à la conquête de tous les peuples par l'Evangile. Si des apôtres enseignant la vérité les ont suivis dans toutes ces expéditions, ces apôtres ont été mal soutenus, ou leur action a été entravée, par ceux qui enseignaient ou pratiquaient l'erreur. Un grand fait qui a été, pendant plusieurs siècles, la marque la plus éclatante de l'expansion coloniale des Blancs, démontre cette défaillance ; c'est leur conduite à l'égard des Noirs. Pour donner des travailleurs à leurs colonies, ils ont suivi l'exemple des musulmans, qui faisaient des levées d'esclaves chez les Noirs, s'ils n'ont pas été aussi impitoyables que ces Orientaux.

C'est que la foi s'affaiblissait parmi eux. Et cette défaillance est marquée, à cet âge, par quelques grands faits qu'il suffit d'indiquer. Il y a eu d'abord les divisions religieuses amenées par le protestantisme; ensuite les attaques du rationalisme qui prétendait opposer la raison à la foi; enfin la révolte du nouveau paganisme qui enseigne la doctrine de la bête. Et pendant que ces révoltes contre la loi du Christ se poursuivent, le travail scientifique et industriel n'a cessé de faire des progrès chez les Blancs; et l'on sait que tous les progrès véritables doivent servir à la cité de Dieu. Mais ses adversaires l'ignorent; ils affirment que la négation de la foi est une condition du progrès. Et ces erreurs suivent les Européens dans tous les pays sur lesquels ils étendent leur action.

C'est dans ces conditions que l'Humanité arrive au quatrième âge, qui commence actuellement. Et ces faits, on l'a constaté d'avance, permettent d'affirmer que cet âge amènera de terribles crises, qui frapperont toutes les nations. Mais aussi ils font comprendre les prophéties qui les annoncent, qui en révèlent la signification et les derniers résultats. Ces crises livreront la terre à la domination de l'Enfer et de la Mort, pour que les nations apprennent qu'elles ne peuvent trouver leur voie, sans la lumière venant de la Révélation et sans l'aide du Christ. Elles préparent sa deuxième Venue, dans laquelle sa Royauté sera proclamée par toutes les nations, à la fin de l'âge actuel.

Le règne du Christ sur la terre actuelle, où il a été immolé et renié, remplira l'âge suivant, le cinquième qui sera le plus long de tous, qui durera dix siècles. Il montrera une première conclusion générale de la marche qui entraîne l'Humanité depuis son origine. Elle atteindra le plus haut développement auquel elle doive s'élever dans son existence présente, sous ce règne, après que Satan aura été enchaîné pour toute cette durée. Alors la terre donnera son fruit, sa plus riche moisson, avec cette prospérité universelle et les nombreuses levées d'élus qu'elle enverra au Ciel.

Le sixième âge qui suivra cette période de paix et de sanctification, sera le dernier; et l'on comprend sans peine, maintenant, la signification générale des prophéties qui l'annoncent. Il arrivera lorsque le moment approchera où l'Humanité aura accompli sa mission temporelle, aura atteint son développement numérique le plus grand, en sorte que la terre ne pourrait plus nourrir tous les hommes. Alors surviendront les perturbations qui annonceront la fin prochaine, qui frapperont les cieux et la terre, et que saint Pierre a annoncées, après le Christ.

Et lorsque ces troubles auront effrayé les hommes, les nations se laisseront de nouveau tromper par les maîtres de la science fausse, dont la même prophétie annonce l'apparition et les débats. A la suite de cette révolte, une autre prophétie l'annonce, le dragon sera déchaîné et la Bête apparaîtra une dernière fois, plus terrible, pour étendre sa domination sur toute la terre jusqu'à ce que la cité de Dieu se relève à l'appel des deux prophètes, des deux témoins à qui cette mission est réservée, et qu'elle s'arme pour la lutte suprême. Alors arrivera le Grand jour du Seigneur, qui doit clore la vie présente.

La Révélation suit plus loin les faits. Elle a des enseignements qui montrent l'entrée de la création dans les temps éternels et qu'il faut connaître pour comprendre toute la signification de la vie actuelle, pour distinguer les voies que les nations doivent suivre dans cette vie. Quelques indications en feront voir le sens général.

Saint Jean a vu cette création, dans laquelle se manifestera éclatante l'exaltation surnaturelle qui vient du Christ; la terre et les cieux nouveaux qui ne seront plus brisés pour relever la volonté des hommes; la Jérusalem éternelle dans laquelle il n'y aura plus de douleur, qui sera habitée par des élus devenus immortels, et dont le corps sera vêtu de splendeur. Cette cité descendra sur la terre renouvelée, non que les élus doivent quitter le Ciel, mais parce qu'ils auront une demeure sur la terre, où ils auront combattu, et que le Christ a arrosée de son sang. Les élus y représenteront l'Humanité, à laquelle le Fils de Dieu a voulu appartenir pour lui communiquer une force et un bonheur surnaturels. Ils représenteront tous les âges, toutes les nations, toutes les facultés et les œuvres humaines régulières, dont la marque se reconnaîtra sur eux.

Et ces élus, qui verront Dieu, qui seront en face de l'Infini, s'élèveront vers lui pendant l'éternité, à la lumière du Christ, dans une marche qui augmentera sans fin leur bonheur, et que le prophète indique en disant que « les nations marcheront dans sa lumière [1] », une indication qu'il est

[1] Chapitre XXI, 24.

impossible de suivre plus loin, qui montre comment la marche vers la lumière commencée dans la vie présente, doit se continuer pendant l'éternité pour les hommes suivant la loi du Christ. Enfin, cette révélation fait voir que la cité éternelle, dont elle trace le tableau symbolique, doit servir de modèle pour la construction de la cité universelle que les nations doivent édifier sous le règne du Christ.

Maintenant on reconnaît qu'il faut placer dans cette suite de faits et cet ensemble d'enseignements, les faits de l'âge actuel et les enseignements qui s'y rapportent, en particulier la prophétie qui s'adresse à l'Abyssinie.

§ 7. — **La mission de l'Abyssinie annoncée par le prophète Isaïe**[1].

Cette révélation est une des prophéties qui annoncent la ruine des empires Chamites et Sémites de l'Orient. Elle suit les faits depuis l'âge de cette ruine jusqu'à celui où la Royauté du Christ sera proclamée sur la montagne de Sion, à Jérusalem, et amènera la rénovation de ces pays et de ces populations. Elle résume les faits dans des symboles sacrés, qui donnent à ces enseignements une richesse plus grande, et qui en ont voilé jusqu'ici la signification. A cause de cette richesse, et pour l'entendre plus facilement, il faut distinguer les différentes parties de cette révélation, et les examiner successivement.

1. « Malheur à la terre, (sur laquelle retentit) le battement des ailes (des oiseaux de proie), à la terre qui est au delà des fleuves de l'Ethiopie, qui envoie des ambassadeurs par mer, et dont les eaux portent des vases (des touffes) de papyrus. »

2. « Allez, anges rapides, à cette nation troublée et déchirée, au peuple terrible, après lequel il n'y en a pas d'autre, à cette nation qui attend, et dont le sol est rongé par ses fleuves. A la montagne du Seigneur des armées, à la montagne de Sion ! » (Qu'elle tourne sa pensée vers la montagne de Sion.)

3. « Vous tous habitants du globe, qui vivez sur la terre, vous verrez le signe de Dieu, lorsqu'il sera élevé sur les montagnes, et vous enten-

[1] Chapitre XVIII.

drez la trompette retentissante ; car le seigneur m'a dit : « Je m'arrêterai « et je verrai de ce lieu, qui est le mien, combien la lumière qui brille « au midi, est éclatante ; (je verrai) comme une nuée apportant la rosée en « temps opportun pour la moisson. »

4. « En effet, ce peuple s'est développé avant le temps opportun ; (comme un arbre) il a poussé dans des conditions irrégulières. Aussi ses rameaux seront coupés avec la faux et le reste sera mis en pièces. Ils seront agités et abandonnés aux oiseaux des montagnes et aux bêtes de la terre ; et pendant tout l'été les oiseaux s'y attacheront, et toutes les bêtes de la terre s'y fixeront l'hiver. »

5. « Mais au moment déterminé, des offrandes seront envoyées au Seigneur des armées par ce peuple divisé, déchiré, après lequel il n'y en a pas d'autre, par cette nation qui attend, qui a été opprimée, dont le sol est rongé par les fleuves, au lieu marqué par le Seigneur des armées, à la montagne de Sion. »

Les différentes indications données par la prophétie sur le pays et le peuple auxquels elle s'adresse, font connaître la place et le caractère de ce pays ; le caractère de ce peuple ; l'appel qui lui est adressé ; la date à laquelle viendra pour lui la rénovation ; la mission qui lui est assignée ; la nature et la cause des épreuves qu'il a subies ; comment il se relèvera de ces épreuves et accomplira sa mission.

Le prophète ne nomme pas ce peuple ni son pays parce qu'il était divisé, ne formait pas une nation véritable, comme il le déclare, mais il le désigne très nettement. Le pays occupé par ce peuple est placé vers la mer, par laquelle il envoie, il devait envoyer à un âge qui arrive aujourd'hui, ses agents qui le mettent en communication avec les nations étrangères. Il touche d'autre part à la vallée du Nil, qui est le champ du papyrus, dont se servaient les scribes d'Egypte. Et ses fleuves torrentiels en rongent les terres, comme le prophète le rappelle par deux fois. C'est donc une région de montagnes, placée entre la mer et le Nil, qui touche de plus à l'Ethiopie, au pays de Chus, le fils de Cham, et a pris ce nom, quoiqu'il appartienne à une population sémite.

Cette population est troublée, divisée, déchirée comme la terre qu'elle habite ; mais elle est terrible, et seule, entre les peuples de l'Orient, elle a gardé son indépendance depuis que la ruine a passé sur les empires Chamites et Sémites. Elle s'est défendue contre toute domination étrangère ;

mais elle n'a pas su se défendre contre les divisions intérieures, et se constituer en Etat puissant. Sans le savoir, elle attendait le temps marqué pour cette rénovation ; il arrive à l'âge actuel.

La prophétie compare ce peuple à un arbre, à une forêt, où se manifeste une vigoureuse végétation, mais qui est dévastée. C'est une comparaison que l'on retrouve dans nombre de passages de l'Ecriture. La hache a tranché bien des rameaux dans cette forêt et souvent entamé le tronc des arbres. Cette dévastation a été apportée à ce peuple par deux sortes de guerres qui se sont renouvelées pendant de longs siècles.

Il y a eu les guerres venant de l'extérieur, apportées par des envahisseurs qui sont comparés à des oiseaux de proie s'élevant sur les montagnes, qui l'envahissaient l'été au temps favorable aux pillages, et dont l'approche jetait le trouble comme le fait le vol, le battement des ailes, des oiseaux carnassiers. Il y a eu aussi les guerres intérieures survenant entre les différentes tribus, les chefs, de ce peuple divisé ; et ces derniers dévastateurs sont comparés à des bêtes fauves qui restent dans leurs terriers même l'hiver, qui n'abandonnent pas le champ de dévastation.

La cause véritable de ces guerres séculaires qui ont arrêté le développement du peuple abyssin, comme la végétation s'arrête dans l'arbre frappé par la hache ou les intempéries, c'est qu'il ne s'est pas constitué dans des conditions régulières, ni dans les temps antérieurs au Christ, ni dans les siècles suivants. Dans les temps anciens, il avait connu le Décalogue, qui résume la loi de Dieu, et il a mal observé cette loi. Après la Rédemption, il a connu l'Evangile qui lui a été apporté par saint Mathieu, et son obéissance à la loi du Christ a été également insuffisante.

Mais le moment arrive, à l'âge actuel, où il doit entendre et pratiquer avec fidélité ces enseignements. Il est appelé des premiers par Dieu, qui lui envoie des anges rapides, à tourner son regard vers la montagne de Sion, à connaître les révélations des prophètes qui annoncent la deuxième grande Manifestation du Christ, la proclamation de sa Royauté à Jérusalem. En outre, les anges vont lui porter le secours surnaturel qui lui permettra de se dégager des agitations l'ayant troublé jusqu'ici, d'opérer le travail de rénovation auquel il est appelé, et d'accomplir la mission dont il est chargé.

L'Abyssinie entendra cet appel en écoutant la prophétie qui a été préparée pour elle. Bientôt après, à l'approche du jour où la Royauté du

Christ doit être reconnue et proclamée, tous les peuples entendront l'éclat de la trompette qui doit l'annoncer. Ils l'entendront d'abord sur les champs de bataille, et, plus tard, dans les fêtes de cette proclamation. De même ils verront le signe de Dieu sur les montagnes dans deux séries de manifestations, quand il brisera les puissances qui combattent le Christ, et lorsque la Croix du Christ apportera la paix aux nations.

A ce moment, après que le peuple terrible établi sur les montagnes qui se dressent entre le Nil et la mer, aura entendu cet appel, la parole que Dieu a révélée au prophète, et qui annonce la mission de ce peuple, se réalisera. Le Seigneur, le Christ, qui sera rentré à Jérusalem, qui aura délivré cette ville de la servitude pesant sur elle, et une autre révélation que l'on verra plus loin, fera connaître ce retour du Christ ; à ce moment, le Seigneur s'arrêtera sur la montagne de Sion, où son trône sera fixé, où il recevra les hommages de toutes les nations.

Entre ces nations, il en signalera une, dont le domaine est au midi de la Judée ; il la signale d'avance par la voix de son prophète. Il annonce qu'une lumière éclatante brillera au-dessus de ce pays, et qu'une nuée bienfaisante s'y élèvera en même temps, qui versera une rosée préparant de riches moissons. Ces moissons, que ne dévasteront plus les oiseaux de proie ni les bêtes fauves, seront d'abord les œuvres qui comptent pour le ciel. Elles enrichiront le domaine de ce peuple et les contrées sur lesquelles ce peuple étendra son action.

Ces deux symboles de la lumière et de la nuée chargée de rosée résument toute la mission donnée à chaque homme et à chaque peuple obéissant avec fidélité à la loi du Christ, mais ils se comprennent mieux quand on considère comment une grande nation doit obéir à cette loi. Elle doit s'armer de toute la lumière venant de Dieu par la Révélation et par la Raison ; car la Raison elle-même, la science, vient de Dieu, mais par une autre voie, ainsi que l'Écriture le signale. Cette nation doit avoir, dans les deux ordres qui forment toute nation chrétienne, dans l'ordre sacerdotal et dans l'ordre laïque, des hommes qui accomplissent, selon la loi, toutes les œuvres assignées à l'activité humaine, les œuvres religieuses, scientifiques, économiques et sociales ou politiques.

Et avec le travail de la lumière qui opère ces œuvres, la nation obéissant au Christ doit accomplir l'œuvre de la nuée qui porte la rosée et donne de riches moissons. Elle doit porter, au nom du Christ, cette action chez tous les peuples sur lesquels elle étend son influence, d'abord chez les peuples qui touchent à son domaine. Et ici on peut voir combien les peuples entourant l'Abyssinie ont besoin de cette double action de la lumière et de la rosée. On peut voir, en particulier, combien l'action des Abyssins sera puissante, plus puissante que celle des Européens, sur les Sémites qui sont de la même race qu'eux, et même sur les Chamites et les Noirs, que les Européens ont pu blesser en obéissant à la loi païenne qui les a envahis.

Telles sont les offrandes que ce peuple, jusqu'ici divisé et déchiré, qui attend la paix depuis de longs siècles, et qui l'obtiendra en obéissant à l'appel de Dieu, doit porter à la montagne de Sion, au Christ. Déjà il a tourné ses regards vers Jérusalem en y envoyant des prières et des dons. Il doit maintenant y porter au Christ la promesse de se préparer à sa grande mission, en attendant d'y offrir les œuvres qu'il accomplira en obéissant à cette mission.

Comment doit-il préparer ces offrandes? On le verra mieux en suivant un peu plus loin l'enseignement des prophètes, après avoir entendu quelques-unes des révélations qui annoncent la rénovation des pays de l'Orient auxquels l'Abyssinie se rattache.

§ 8. — **Le Christ reviendra à Jérusalem par le pays d'Edom.**

Un des grands faits devant marquer ce retour et la rénovation de l'Orient, c'est que les Juifs reviendront en Judée, à Jérusalem. Mais il n'est pas possible d'examiner ici, même sommairement, aucune des nombreuses prophéties qui se rapportent à ce grand fait. Il suffit de signaler le mouvement Sioniste qui se manifeste au milieu des Juifs, et qui tourne leur pensée vers Sion ; c'est un premier signe annonçant cet événement. Mais ils ne comprennent pas ces prophéties ; ils ne voient pas encore que la première condition pour qu'elles se réalisent, est qu'ils reconnaissent que le Christ est le Messie, le Fils de Dieu.

De même le mouvement qui amène tous les peuples chrétiens à multiplier leurs établissements religieux, agricoles ou scientifiques, dans la Syrie, et leurs pèlerinages vers Jérusalem, est un autre signe ayant la même signification. Mais les divisions qui règnent parmi eux, et qu'ils apportent jusqu'au tombeau du Christ, en diminuent la valeur. Elles permettent d'autre part de mieux comprendre la prophétie qui annonce le retour du Christ, les paroles du Christ lui-même qui se plaint d'être abandonné par les nations elles-mêmes sur lesquelles il devait compter.

Cette prophétie est d'Isaïe, comme les précédentes. Le prophète s'y adresse d'abord aux Juifs et à Jérusalem[1] :

« Voici que le Seigneur a fait entendre ces paroles aux extrémités de la terre : « Dites à la fille de Sion : Voici ton Sauveur qui vient; voici « qu'il apporte sa récompense avec lui, et son œuvre devant lui. On les « nommera (on nommera tes enfants) le peuple saint, racheté par le Sei- « gneur, et tu seras la ville recherchée, et non plus la ville délaissée. »

« Quel est celui qui vient d'Edom, qui vient de Bosra, avec des vêtements (qui le signalent). Il est magnifique dans la beauté de ses vêtements, et il marche montrant les nombreuses victoires de sa puissance. — Je suis celui qui enseigne la justice et je combats pour donner le salut. »

« Mais pourquoi votre robe est-elle teinte en rouge, et vos vêtements ressemblent-ils à ceux d'un homme qui a foulé les raisins dans le pressoir? »

« J'ai foulé les raisins dans le pressoir tout seul; aucun homme des nations ne s'est joint à moi. Je les ai foulés dans ma fureur; je les ai écrasés dans ma colère, et leur sang a jailli sur mes vêtements ; tous ils sont souillés. Car le jour de la vengeance est dans mon cœur. Et l'année de ma Rédemption est arrivée! »

« J'ai regardé autour de moi, et je n'ai vu aucune aide, et il n'y a eu personne pour m'aider. Et mon bras seul a opéré pour moi cette œuvre de salut, et mon indignation m'a soutenu. Et j'ai foulé les peuples dans ma fureur ; et je les ai enivrés dans mon indignation; et j'ai jeté à terre leur puissance. »

Et le prophète continue pour terminer ainsi : « Je me souviendrai des miséricordes du Seigneur; je chanterai ses louanges pour toutes les grâces que nous a faites le Seigneur notre Dieu. »

Cette révélation est pleine d'enseignements présentés toujours en symboles ou formules sacrées, et il s'agit seulement d'en indiquer ici la

[1] Chapitre LXII-LXIII

signification générale. Il faut d'ailleurs en laisser de côté la première partie, qui se rapporte au retour des Juifs dans leur ancienne patrie, et à la transformation de Jérusalem, qui deviendra la ville recherchée, où se rendront les délégués de toutes les nations, venant des extrémités de la terre, et n'y apportant plus leurs anciennes divisions.

Ce qu'il faut considérer, c'est le Christ revenant à Jérusalem, comme il le lui promettait à sa première venue, y rapportant la miséricorde, la rédemption et son œuvre, qui est le triomphe de la justice et de la paix. C'est le Christ-Roi qu'il faut connaître. Il est magnifique dans sa splendeur royale et dans l'éclat de sa puissance. Et pour comprendre cette splendeur, il faudrait examiner les enseignements qui racontent la transfiguration, qui le montrent dirigeant la marche de l'Église, qui le présentent sur le champ de bataille où il sera suivi de l'armée des anges et où les forces de la Bête seront écrasées, à la fin de l'âge actuel. Cette dernière révélation est clairement rappelée dans le récit prophétique d'Isaïe[1].

C'est un des triomphes que le Christ aura remporté avant de rentrer à Jérusalem, un triomphe semblable à celui qu'il remportera dans le pays d'Edom. Ici l'Islam sera vaincu et les peuples, égarés par cette doctrine, finiront par acclamer eux-mêmes la Royauté du Christ. Dans tout l'univers il brisera les puissances et les doctrines qui arrêtent l'œuvre de rédemption et de pacification qu'il veut accomplir et dont la terre a besoin.

Et lorsqu'il dit à son prophète qu'il a regardé autour de lui cherchant si un peuple, si un chef de nation, voudra l'aider dans cette œuvre de rédemption et de pacification, il demande aux hommes de bonne volonté qui vivront à l'âge où ces événements devront s'accomplir, d'interroger également tous les grands faits qui manifestent dans la vie des nations, pour comprendre les prophéties annonçant ces événements et la nécessité de cette œuvre.

Cette interrogation, qui a été faite en commençant ces recherches, a montré que les nations des Blancs, qui se disent encore chétiennes à cette date, sont envahies par la doctrine de la bête ; que la puissance de la Bête, qui se forme au milieu d'eux, et qui sera l'image vivante du Dragon, de

[1] S. Mathieu, XVII. — Apocalypse, I-XIX.

Satan, leur prépare des crises terribles ; que les peuples dominés par l'Islam, qui est venu du pays d'Edom, le Roux, chez lesquels la haine de la Croix se ravive, doivent être surveillés ; que les païens de l'Extrême-Orient, qui adorent le Dragon, sont profondément troublés, enfin que les Blancs, aveuglés par le nouveau paganisme, portent cette erreur dans tout l'univers. En réalité, Satan, le prince de ce monde où domine la révolte, y exerce sa domination avec plus de force qu'au jour où le Christ a été immolé ; il entraîne toutes les nations à la fois à des luttes qui seront universelles.

Les conclusions de ces faits se montrent très nettes : aucun peuple ne peut ni ne veut actuellement soutenir l'œuvre du Christ ; aucun homme ne peut comprendre la signification des événements actuels sans la lumière venant de la Révélation par les prophéties ; aucune force ne peut défendre les hommes et les peuples contre les troubles et les crises de l'âge actuel, sinon la force surnaturelle venant du Christ.

Ces faits expliquent aussi pourquoi le Christ, qui est Homme et Dieu, parle de son indignation et de sa colère, dans la prophétie examinée, non qu'il éprouve les emportements des hommes, mais parce que les révoltes de cet âge, qui troublent toutes les nations, méritent les condamnations les plus sévères. Enfin ils font comprendre comment les puissances de la terre, sur lesquelles l'enfer exerce sa domination, une possession collective qui se montrera effrayante, seront saisies d'une fureur ressemblant à l'ivresse, devront être broyées comme les raisins foulés dans le pressoir, pour que les nations soient affranchies, pour que la rédemption venant du Christ leur soit communiquée à toutes.

Un dernier détail de la prophétie d'Isaïe, qu'il faut examiner, qui est d'une grande importance, est celui qui nous apprend que le Christ passera pour entrer à Jérusalem, par le pays d'Edom, celui dans lequel se trouve actuellement la Mecque, et par Bosra, une ville dont les ruines se rencontrent entre la Mecque et Jérusalem. Cette révélation montre que la libération de la Judée ne sera pas le résultat d'une nouvelle croisade des peuples se disant chrétiens, et encore moins d'une révolte des populations chrétiennes dominées par les sectateurs de Mahomet. Les maîtres auxquels ces populations sont soumises ne peuvent trouver, dans cette prophétie, un grief pour les opprimer plus durement. Le Christ rentrera à Jérusalem, non par les pays que les croisés traversaient, et où vivent ces populations, mais par l'Arabie occidentale où il n'y a pas de chrétiens.

Pour suivre plus loin ce fait, il faudrait interroger d'abord les révélations multiples qui se rapportent à la terre d'Edom, ce qui ne peut se faire ici. Il suffit de savoir qu'il y aura sur toute la terre des troubles qui armeront les unes contres les autres les foules aveuglées par l'enfer, qui les jetteront dans cette fureur que la prophétie compare à l'ivresse. Est-ce une de ces guerres qui ensanglantera le pays de la Mecque, le foyer de l'Islam, qui amènera les survivants de ces luttes à réclamer la Royauté du Christ, à lui demander la pacification que sa loi leur donnera ? Il faut s'en tenir à cette question.

Et le peuple d'Abyssinie, dont le domaine n'est séparé que par un détroit de l'Arabie occidentale, doit connaître le premier ces événements annoncés par les prophéties, les surveiller désormais, et se prémunir contre les agitations qui doivent éclater dans tout l'Orient. A cause de cela, pour que ces premières indications se montrent plus complètes, il faut suivre un peu plus loin les révélations des prophètes sur ces pays de l'Orient pour en signaler les dernières conclusions.

§ 9. — **La Rénovation de l'Orient.**

En annonçant la rénovation de l'Orient, les prophètes signalent particulièrement deux pays qui se relèveront, en même temps que Jérusalem, de la ruine pesant sur eux, celui de l'Assyrie dans la Mésopotamie, et celui de l'Egypte dans la vallée du Nil, de l'Egypte représentée par les descendants du peuple que gouvernèrent les Pharaons. Ils donnent des révélations particulièrement détaillées sur ce pays et ce peuple descendant de Mesraim, fils de Cham.

Pour comprendre ces révélations et les plaies infligées à ce peuple, il faut se rappeler sommairement le rôle de l'Egypte depuis les temps anciens jusqu'à nos jours. Au temps des Pharaons, qui y imposaient la servitude aux enfants d'Israël, elle a été un des foyers de l'ancien paganisme. Au temps où elle appartint aux Grecs et aux Romains, Alexandrie fut le champ d'un travail doctrinal qui fut opposé à la foi chrétienne.

A la même époque, si elle reçut l'Evangile que lui apporta saint Marc, disciple de saint Pierre, si elle compta des saints illustres, elle se laissa bientôt envahir par des erreurs qui pèsent aujourd'hui sur l'église cophte, et qu'elle répandit autour d'elle, Ensuite elle a été envahie par les Arabes et elle est devenue un des foyers les plus actifs de l'Islam, d'où cette doctrine s'est propagée au loin dans l'Afrique, et qui y exerce toujours une action puissante. De nos jours, la science fausse de l'Occident en interroge les souvenirs et les monuments, pour y trouver des armes contre la Révélation. Enfin, c'est un champ où la rivalité des nations occidentales entre elles et avec l'Orient s'affirme le plus nettement. Il faut tenir compte de tous ces faits pour comprendre les prophéties qui se rapportent à l'Egypte.

Aussi il est impossible d'interroger ici des révélations qui rappellent des événements aussi complexes. Il suffira de signaler une de ces prophéties, qui est dans le livre d'Isaïe, comme les précédentes, pour en indiquer les conclusions. Ces conclusions sont les suivantes :

« Et Dieu frappera l'Egypte d'une plaie ; et il la guérira ; et elle reviendra au Seigneur ; et il pardonnera aux Egyptiens ; et il les guérira[1]. »

« En ce jour-là, il y aura une voie qui ira de l'Egypte jusque chez les Assyriens ; et l'Assyrien ira en Egypte, et l'Egyptien chez les Assyriens ; et les Egyptiens rendront service aux Assyriens. »

« En ce jour-là, Israël sera le troisième (de cette société de peuples), avec l'Egyptien et l'Assyrien ; et la bénédiction sera au milieu de la terre que Dieu a bénie en disant : « Mon peuple d'Egypte est béni ; le (peuple) « Assyrien est l'œuvre de mes mains ; mais Israël est mon héritage. »

Le nouveau peuple d'Egypte comprendra d'abord les Cophtes, les descendants des anciens maîtres du pays, auxquels se joindront d'autres éléments sur lesquels il est impossible de donner ici aucune indication, comme il n'est pas possible de chercher quelle population formera la nouvelle nation assyrienne. Ces recherches doivent s'en tenir aux conclusions précédentes.

Lorsque le prophète dit que Dieu frappe l'Egypte d'épreuves pour la guérir ensuite, il montre quelle est la signification générale des épreuves frappant les hommes et les peuples, qui doivent les ramener à Dieu ; on sait que les épreuves de l'âge actuel doivent amener toutes les nations

[1] Chapitre XIX, 23.

à reconnaître le Christ, amener en particulier les peuples de l'Orient à proclamer sa divinité et sa royauté, à reconnaître l'Eglise qu'il a fondée.

En ce jour-là, Dieu bénira cet Orient, au milieu duquel est la montagne de Sion, qui est le centre de la terre dans le sens indiqué précédemment, où Jérusalem a été placée pour recevoir, sous le règne du Christ, les représentants de tous les peuples. Et cette bénédiction qui s'étendra, de ce foyer central, à toute la terre, mettra la paix entre toutes les nations comme elle la mettra entre Israël, Assur et l'Egyptien, dont les guerres étaient incessantes dans les temps anciens.

Dieu bénira Israël, après l'avoir reconstitué en nation, après qu'il aura reconnu le Christ, en lui rappelant qu'il l'avait désigné le premier pour être son peuple. L'Assyrie, qu'il rappellera à une existence nationale et qui reconnaîtra sa loi, sera véritablement l'œuvre de ses mains. Il en sera de même pour une multitude de races qui ont été frappées de ruine ou qui n'ont jamais eu une existence nationale, et qui obtiendront par sa loi un affranchissement dont il est impossible d'examiner ici les conditions. Et toutes les autres nations qui ont gardé leur indépendance, mais qui se reconstitueront à la lumière de sa loi, lui appartiendront également, feront partie du royaume universel du Christ, dans lequel régnera la fraternité des peuples que la prophétie signale en parlant d'Israël, de l'Egypte et de l'Assyrie.

Et le prophète montre qu'une des conditions devant assurer cette fraternité entre les peuples de l'Orient sera l'ouverture d'une grande voie qui reliera l'Egypte avec l'Assyrie, en passant par la Judée. Cette voie permettra à ces peuples d'établir des relations suivies entre eux, de se rendre des services mutuels, de se communiquer les progrès qu'ils auront accomplis à la lumière venant du Christ, de marcher ensemble au développement qui ne cessera de grandir pendant son règne.

Cette révélation sur la grande voie de l'Orient et sur l'action qu'elle doit exercer, fait voir que la même action doit être exercée par toutes les voies qui parcourent le globe, établissant entre toutes les régions et toutes les races humaines des relations qui deviennent chaque jour plus fréquentes et plus directes. Toutes, elles doivent amener entre tous les peuples un accord qui fera régner la paix sur la terre, servir à répandre la lumière venant du Christ et sans laquelle cet accord est impossible. C'est par ces voies, qui seront toutes reliées avec Jérusalem, la capitale du Christ et des nations, que se répandra sur toute la terre la bénédiction dont parle la prophétie et qui amènera cette rénovation universelle.

Or on a vu d'avance qu'il n'en est point ainsi à l'époque présente, que le courant circulant sur ces voies, celui du commerce en particulier, obéit à la loi païenne plutôt qu'à la loi du Christ. Et à cause de l'importance de ce fait, il faut aller un peu plus loin dans ses recherches, interroger une dernière prophétie qui signale ce double commerce, le commerce païen ayant régné d'abord et le commerce d'avenir qui sera sanctifié. Cette révélation est donnée par Isaïe, comme les précédentes et, comme celles-ci, elle se rapporte aux pays de l'Orient.

En annonçant la ruine de ces pays, le prophète montre que Tyr devait être détruite, parce que les marchands qui y dominaient portaient, avec leurs marchandises, leurs dieux et la corruption orientale dans tous les pays où les conduisait leur commerce. Ensuite il annonce qu'il devait y avoir, après une longue série d'années, dont la durée est indiquée par un nombre ayant une signification symbolique, ce qui a été constaté depuis longtemps, qu'il devait y avoir une autre Tyr, une autre puissance commerciale, dont le commerce devait s'étendre à tout l'univers et porter partout un paganisme corrupteur[1].

Les faits examinés précédemment ont montré que cette Tyr, qui exerce une action universelle, n'est pas représentée par une ville ou une nation particulière, mais par l'ensemble des nations qui sont au premier rang, qui ont un grand commerce et qui obéissent à la pensée païenne. Et l'Apocalypse signale comme la principale cause de la ruine devant frapper cette Société, ce commerce qui considère les âmes humaines comme une marchandise, et dont les chefs sont puissants comme des souverains.

Mais après cette ruine, au temps où règnera la loi du Christ, le champ des œuvres économiques sera sanctifié par cette loi; et le prophète annonce cette sanctification : « Les marchands (de cette cité), ainsi que leurs marchandises, seront sanctifiés par le Seigneur. Alors ils ne seront plus écrasés sous la ruine, ni rejetés, parce que le commerce de cette cité sera fait par des hommes qui habitent devant le Seigneur ; il donnera à tous la nourriture à satiété et des vêtements jusqu'à l'extrême vieillesse. »

[1] Isaïe, XXIII. — Apocalypse, XVIII.

Ainsi, la révélation qui concerne Tyr s'élève pour atteindre les temps actuels, et la société des peuples qui marchent au premier rang lorsque l'Humanité commence à vivre de la vie universelle. Elle montre quelle est la solution des débats et des conflits soulevés sur le champ des œuvres économiques où se forme la puissance de la Bête ; comment ces débats sur les richesses, sur le pain quotidien, qui intéressent tous les peuples, seront résolus par la loi du Christ.

La dernière conclusion de tous ces enseignements et de tous ces faits, c'est que cette loi apportera la pacification chez toutes les nations, apportera la sanctification et un riche développement sur tous les champs où se manifeste l'activité humaine, sur ceux des œuvres religieuses, des œuvres scientifiques et des œuvres politiques ou sociales, comme sur le champ des œuvres économiques.

Maintenant il ne reste plus qu'à montrer quelles sont, pour l'Abyssinie, les conclusions pratiques de ces enseignements et de ces faits.

CONCLUSIONS PRATIQUES POUR L'ABYSSINIE

Ces conclusions ont été indiquées d'avance dans la prophétie qui s'adresse à ce pays ; il suffit de les rappeler. Et ces conclusions, considérées dans leur signification générale, indiquent les mesures que toutes les nations doivent prendre pour obéir à la loi du Christ, pour que cette loi les défende contre les crises qui troubleront la terre, pour qu'elles remplissent la mission, la part de l'œuvre humaine qui est assignée à chacune d'elles.

Le peuple indomptable de l'Abyssinie, à qui Dieu envoie ses anges rapides, pour qu'il entende des premiers cette loi, devra tourner son regard vers le Christ, vers Jérusalem où le Christ s'est immolé et où sa Royauté sera proclamée. Il doit entendre la Révélation qui explique la marche de la vie, qui annonce et fait comprendre les troubles survenant à l'âge actuel, en regardant de plus près ceux qui agiteront l'Orient. Il doit s'armer de la lumière venant du Christ, qui guidera sa marche et qui brillera éclatante au-dessus de lui, se former aux œuvres que le Christ lui assigne, et dont il portera l'offrande à Sion. Cette obligation s'impose aux deux ordres qui constituent ce peuple, qui constituent toute nation chrétienne, la cité de Dieu tout entière, l'ordre sacerdotal et l'ordre laïque. Et pour obéir à ces commandements, il y a deux conditions essentielles.

En premier lieu le peuple abyssin doit s'armer de science, de toutes les ressources que donne la science et qui deviennent plus nécessaires dans les conditions actuelles de la vie, avoir une industrie qui lui fournisse les instruments de travail et les armes devant servir à la défense de ses droits, avoir des écoles, des livres et des hommes instruits pour toutes ces œuvres. Et pour ce travail multiple de la science, il a besoin du concours des nations chez lesquelles la science s'est développée. Mais en demandant ce concours, il doit se défendre contre la science fausse qui apporte le trouble au milieu de ces nations, qui y entraîne un grand nombre d'hommes à oublier, renier, Dieu et le Christ, à accepter le nouveau paganisme qui enseigne la doctrine et la loi de la bête. C'est le plus grand danger qu'un peuple puisse courir à l'époque présente.

La deuxième condition, c'est que le peuple Abyssin doit s'armer de la science plus haute qui vient de Dieu par la Révélation, et des forces surnaturelles que donne le Christ. Pour cela, il doit avoir un sacerdoce, des évêques et des prêtres qui étudient cette science, qui enseignent et pratiquent avec zèle et fidélité la loi du Christ. Et cette œuvre surnaturelle exige que l'Abyssinie se rattache à l'Eglise à qui le Christ a confié la garde de sa doctrine et qui l'a conservée intacte. Et ici elle doit se défendre d'un autre danger, des erreurs qui ont divisé les nations chrétiennes, et que la prophétie lui signale comme ayant attiré sur elle les longues épreuves qu'elle a subies.

Pour éviter ces erreurs et trouver l'Eglise à laquelle l'Abyssinie doit se rattacher, il faut se rappeler d'abord que le Christ a fait de saint Pierre le chef des apôtres, du sacerdoce qu'il a institué. Ce choix, qui démontre la nécessité pour le sacerdoce d'avoir sur la terre un chef suprême qui le dirige, prouve que cette suprématie appartient aux successeurs de saint Pierre, dont la Chaire est à Rome. Mais comme cette suprématie de la Chaire de saint Pierre devait être attaquée, une révolte qui a été l'origine première des troubles religieux ayant agité les peuples chrétiens, Dieu a dicté à un prophète un enseignement qui n'a pas été entendu jusqu'ici, qui était destiné à l'âge actuel, et qui tranche ce débat.

C'est l'Apocalypse, « La Révélation de Jésus-Christ », qui donne cet enseignement. Pour l'entendre, il faut constater d'abord que cette prophétie apporte la continuation et les dernières conclusions de toutes les prophéties des deux Testaments, et que le moment d'en connaître les secrets arrive avec l'âge actuel. Et pour le démontrer, il faut en donner ici une analyse sommaire, en rappelant qu'elle est écrite tout entière en symboles sacrés.

Elle annonce les grands événements qui remplissent les temps depuis la Rédemption jusqu'à la fin de la vie présente, dont le Livre aux sept sceaux ouverts par le Christ, contenait le secret[1]. Elle divise ces temps en six âges, qui doivent être suivis du Grand jour du Seigneur. Ces six âges sont ceux qui ont été indiqués. Les trois premiers sont écoulés maintenant, et la prophétie les signale sans détails, parce qu'ils ne devaient pas apporter des épreuves extraordinaires aux serviteurs du Christ. Le premier, qui a vu les Blancs s'armer de la puissance leur ayant donné la suprématie dans tout l'univers, y est représenté par le cavalier monté sur un cheval blanc, qui porte une couronne royale et qui part pour remporter des triomphes. Le deuxième, dans lequel les Roux, suivant la doctrine de l'Islam, ont envahi l'Orient et une partie de l'Europe, est représenté par un cavalier au cheval roux, qui a reçu un glaive, un cimeterre, pour enlever la paix à la terre. Le cavalier monté sur un cheval noir, qui élève une balance vers le ciel en implorant la justice de Dieu, représente l'époque des expéditions coloniales qui a été marqué par l'esclavage des Noirs.

Le quatrième âge, qui commence actuellement, sera dominé par la Mort, un cavalier qui est monté sur un cheval livide, et dont la prophétie donne le nom. Il est suivi dans sa course par l'Enfer et il apporte aux hommes de nombreuses plaies. Au cinquième, l'Eglise, l'Epouse du Christ, doit célébrer avec l'Agneau, ses noces, auxquelles seront conviés tous les peuples de la terre, et elle revêt le manteau de byssus, qui symbolise la splendeur éclatante dont elle sera revêtue à cet âge, et qui lui sera obtenue par le dévouement des chrétiens, par les élus immolés dans les luttes de l'âge précédent. Le sixième âge est celui des grandes crises et des grandes luttes de la fin.

[1] Chapitre VI.

La prophétie ne donne des détails que sur ces trois derniers âges, qui doivent voir des épreuves ou des événements extraordinaires. Et elle commence ce récit par le tableau du sixième âge, dans lequel la Bête étendra sa domination sur toute la terre, afin que les hommes comprennent combien cette puissance est terrible, et à quel but elle marche, entraînée par Satan, par cet ennemi invisible qui poursuit l'Humanité de sa haine. Ensuite le récit revient au quatrième âge, dans lequel la Bête paraît pour la première fois, et il suit les faits à travers le cinquième âge, en ajoutant quelques traits au tableau de la dernière époque, pour arriver au Grand jour du Jugement.

En dehors de ces révélations, qui font connaître la marche de l'Humanité dans les âges postérieurs à la Rédemption, la prophétie contient, dans la première partie, l'Heptalogue ou les Sept commandements que le Christ a dictés à saint Jean comme Dieu a dicté le Décalogue à Moïse. Ces commandements sont adressés d'abord aux évêques des sept églises de l'Asie, à la tête desquels l'apôtre avait été mis; mais ils doivent être entendus par tout chrétien ayant des oreilles, un ordre que le Christ répète sept fois, et qui montre que l'Heptalogue doit être observé dans tous les temps et tous les pays par les serviteurs de Dieu, par les chefs de sa Cité, quand cet enseignement, écrit en formules sacrées, aura été entendu. Il est impossible d'en rien dire ici : il est d'une trop grande importance pour qu'il soit possible d'en indiquer la signification en quelques lignes.

C'est dans la dernière partie, dans la description de la Jérusalem céleste, qui doit servir de modèle pour la construction de la cité universelle ou catholique des nations au cinquième âge, que la prophétie montre à quel signe on reconnaîtra la véritable Eglise du Christ. Cette description, toute symbolique, dont la signification générale a été indiquée, montre cette cité entourée d'une muraille, comme une citadelle, à l'intérieur de laquelle les élus seuls peuvent entrer.

Et cette muraille s'appuie sur douze fondements bâtis en pierres précieuses, qui représentent les douze apôtres et les nations chez lesquelles ils ont porté l'Evangile. Ces nations recevront toutes la même lumière venant du Christ, comme l'ont reçue les apôtres, mais elles brilleront de reflets variés, comme les pierres fines des douze fondements, suivant la mission et les œuvres spéciales qui leur auront été assignées. Elles doivent montrer ainsi combien Dieu a mis de richesse, d'aptitudes différentes dans la nature humaine, et combien l'action surnaturelle, venue de la Rédemption, développe cette richesse[1].

Mais si la muraille de la Cité éternelle doit avoir douze fondements brillant chacun d'un éclat différent, elle sera toute bâtie avec la pierre qui formera le premier fondement, qui représente le premier des apôtres, et qui est le jaspe. Elle montrera l'éclat du jaspe sur ses quatre faces tournées vers les quatre directions de l'espace, au levant et au couchant, au nord et au midi, qui montrent le caractère universel de cette cité, et elle doit briller de cet éclat pendant l'éternité. Il en résulte que la cité catholique du Christ qui doit être bâtie sur le modèle de la cité éternelle, qui doit réunir toutes les nations et les défendre contre l'erreur, doit présenter aussi cette marque de saint Pierre dans toutes les directions, à tous les peuples et dans tous les temps. Et cette condition ne peut se réaliser que si la Chaire de saint Pierre exerce sa suprématie dans tous les âges et l'étend sur toutes les églises de toutes les nations.

Il en résulte qu'une nation, que l'Abyssinie, ne reçoit pas la véritable lumière qui vient du Christ, si elle n'est en communion avec la Chaire de saint Pierre, avec Rome, et qu'elle ne s'arme pas de la force nécessaire pour résister aux épreuves la menaçant, si elle n'est pas défendue par la citadelle qui porte la marque du chef des apôtres, et qui est la citadelle du Christ.

Le peuple abyssin, représenté par ses chefs, par son puissant Souverain, recevra et mettra en pratique ces enseignements. Il est le seul en Orient, comme Dieu le fait dire par son prophète, qui puisse prendre le premier cette mission. Il y est le seul peuple ayant reçu la foi chrétienne qui soit indépendant. Il est même, sous certains rapports, mieux préparé à cette œuvre que les peuples les plus puissants de l'Occident, sur lesquels la fausse science, qui enseigne la doctrine de la bête, pèse lourdement.

Et les chefs de ce peuple seront bientôt compris de leurs compatriotes et des peuples étrangers, quand ils déclareront qu'ils obéissent à l'ordre du Christ-Roi, qui veut donner la paix et la prospérité à toutes les nations en faisant régner la justice et la charité sur la terre. Cette loi de justice

[1] Chapitre XXI.

et de charité, ils l'appliqueront dans le gouvernement de leur pays et à l'extérieur, même avec les ennemis qu'ils seront forcés de combattre. Elle fera cesser les troubles autour d'eux, et leur donnera une grande influence sur les nations qui les entourent. Elle attirera sur l'Abyssinie cette bénédiction que Dieu promet à l'Egypte et à l'Assyrie, qui partira de Jérusalem pour s'étendre à tout l'univers en portant partout la prospérité.

*
* *

Cette étude n'est pas destinée au public; elle doit aller directement en Abyssinie. Elle a été préparée par de longs travaux antérieurs, mais elle a été déterminée par des circonstances imprévues : elle a dû être rapide et courte.

A cause de cela, il n'a pas été possible d'y donner, à côté des passages de la Bible, qui y sont cités et traduits, le texte même de la Vulgate, pour en montrer plus nettement la signification. Les lecteurs qui y sont intéressés, feront cette comparaison. Quant au nom de l'auteur, il suffit qu'il soit connu de ceux auxquels ce travail est remis directement.

Lyon. — Imprimerie A. REY, 4, rue Gentil. — 25256

www.ingramcontent.com/pod-product-compliance
Ingram Content Group UK Ltd.
Pitfield, Milton Keynes, MK11 3LW, UK
UKHW020408220726
13923UKWH00004B/1817